DISCOURS

PRONONCÉ A ROUEN

PAR

M. DUVERGIER DE HAURANNE

AU BANQUET

DE LA RÉFORME ÉLECTORALE ET PARLEMENTAIRE

(Extrait du journal de Rouen.)

PARIS

PAGNERRE, ÉDITEUR

RUE DE SEINE, 14 BIS

—

1847

1848

DISCOURS

PRONONCÉ PAR

M. DUVERGIER DE HAURANNE

Il y a six mois, vers la fin d'une session qui avait clairement démontré la stérilité, l'inconséquence, l'immoralité de la politique ministérielle, douze cents électeurs de Paris et quatre-vingts députés se sont réunis pour avertir le pays que ses institutions étaient menacées, que ses libertés étaient en danger, et que, s'il voulait les sauver, il ne pouvait plus compter que sur lui-même. (Oui! très-bien! très-bien!) Le lendemain, on prétendait, on affirmait que cette grande manifestation resterait isolée, ou que, si l'exemple du Château-Rouge était suivi, ce ne serait pas sans que la paix publique fût troublée. Depuis cette époque, cinquante réunions semblables ont eu lieu avec le même ordre, avec le même calme, et, d'un bout à l'autre de la France, les mêmes avertissements ont cinquante fois retenti. Fut-il jamais plus éclatant démenti à ceux qui représentaient la France comme indifférente, ou qui la disaient incapable de s'agiter sans désordre? (Applaudissements. — Vive la réforme!)

Et cependant, dans ce pays qui a fait deux révolutions pour être libre, que de difficultés à vaincre, que d'obstacles à surmonter dès qu'on veut exercer résolument les droits qu'on tient de la constitution et de la loi!

Nous avions contre nous les mille liens dont la centralisation impériale nous enlace, et toutes les lois, tous les règlements de police dont M. le ministre de l'intérieur sait tirer si bon parti. (Très-bien!)

Nous avions contre nous la docilité de la plupart des maires qui, par une étrange abdication de leurs droits, par un singulier oubli de leurs devoirs, en sont venus, presque partout, à se considérer, non plus comme les premiers magistrats de la cité, mais comme de simples agents du ministère de l'intérieur (Vive adhésion, applaudissements unanimes.), comme de purs auxiliaires de la préfecture. (Nouvelle explosion de bravos! — Oui! oui! c'est vrai!)

Nous avions contre nous les espérances et les craintes des trois ou quatre cent mille fonctionnaires ou aspirants fonctionnaires dont la France est pourvue. (Rires.)

Nous avions contre nous la timidité des uns, l'intolérance des autres, et, dans nos rangs mêmes, les hésitations, les scrupules de quelques hommes dont l'amour platonique pour la réforme répugne à ce qu'on la serre de trop près (On rit.), et qui font grand cas de l'esprit politique, à condition qu'il ne donne pas signe de vie. (Nouveaux rires.)

Malgré tout cela, je le répète, notre appel a été entendu, et voici Rouen, la ville sage, la ville constitutionnelle par excellence, qui ferme aujourd'hui, pour 1847, la série significative, imposante, des manifestations réformistes. (Applaudissements.)

N'est-ce rien, Messieurs, et ne faut-il pas prendre en grande pitié ceux qui, dans un tel mouvement, ne veulent voir qu'une agitation factice et superficielle? Ne faut-il pas prendre en grande pitié ceux qui pensent, ceux qui disent que cinquante villes ont ainsi obéi à je ne sais quel mot d'ordre parti de deux ou trois comités de Paris? (Très-bien! très-bien!) Nous ne sommes plus au temps où les mots d'ordre de Paris avaient tant de puissance, et c'est en vain que tous les comités du monde crieraient aux populations de s'agiter, si d'avance les populations ne sentaient pas, ne comprenaient pas le besoin de l'agitation. (Vive approbation.)

Pourquoi donc comprennent-elles, pourquoi sentent-elles aujourd'hui ce besoin, après tant d'années d'indifférence, d'apathie et presque de complicité? C'est qu'il vient un moment où les masques tombent, où les voiles se déchirent, où la lumière se fait; c'est qu'il vient un moment où les moins clairvoyants s'aperçoivent que la coupe est pleine, et qu'une goutte suffirait pour la faire déborder. (Oui! oui! c'est cela!) On s'est beaucoup occupé, dans ces derniers temps, de rechercher à qui appartient l'initiative des banquets réformistes, et, selon les nécessités de la polémique, on a désigné tantôt le comité central des électeurs de Paris, tantôt quelques députés de la gauche et du centre gauche.

C'est un grand honneur qu'on leur fait (Rires.), et cet honneur, ils sont loin de le décliner; mais, pour être justes, ils doivent en rendre une bonne part à leurs adversaires. Les premiers inventeurs, les premiers promoteurs de l'agitation réformiste, ce ne sont ni les membres du comité central, ni les députés dont on parle.

C'est le ministère (Rires d'adhésion.), qui, depuis plus de sept ans, travaille, avec un si détestable succès, à l'asservissement, à la ruine, à l'abaissement du pays. (Bravo!)

C'est la majorité, qui, au lieu de contenir, d'éclairer, de redresser le ministère, obéit aveuglément à son impulsion, et s'associe à tous ses projets, à toutes ses tentatives. (Oui! oui!)

C'est le corps électoral, qui, au lieu de briser cette majorité comme il pouvait, comme il devait le faire, l'a renvoyée à la Chambre, accrue et triomphante.

Vous le voyez, si nous sommes coupables de l'agitation réformiste, nous ne manquons pas de complices. (Nouvelles marques d'approbation.)

Cependant, Messieurs, il faut le dire, peut-être l'appel de l'opposition, quelque légitime, quelque pressant qu'il fût, aurait-il trouvé moins d'écho sans les scandales qui sont venus coup sur coup éclairer les profondeurs de la politique ministérielle. (Sensation.) Pour tout gouvernement, et surtout pour un gouvernement né de la souveraineté nationale, c'est un grand tort, un grand crime que de violer les lois, que de ruiner les finances, que d'abaisser le pays dans ses rapports avec l'étranger. (Trèsbien!) Mais il est un tort, il est un crime encore plus grand, parce que les effets en sont moins réparables : c'est de corrompre le principe même des institutions, et de supprimer ainsi, par le fait, la différence qui existe entre les gouvernements libres et les gouvernements absolus. (Vive sensation. — Applaudissements.) Dans le gouvernement représentatif, honnêtement, sincèrement pratiqué, le pays peut être abusé et mal placer sa confiance ; mais, tous les quatre ans, tous les trois ans, il reste maître de la retirer à ceux qui ne s'en sont pas montrés dignes.

Le remède est à côté du mal, le châtiment à côté de l'offense. Mais où sera le remède, si l'élection, falsifiée dans sa source, est devenue elle-même une comédie, un simulacre, un mensonge ? (Mouvement prolongé.) Où sera le remède si les suffrages se vendent, au lieu de se donner, et si ceux qui élisent comme ceux qui sont élus, n'ont qu'une pensée, celle de mettre leurs droits politiques au service de leur fortune privée. (Bravo ! bravo !) Où sera le remède, si la nation se trouve ainsi partagée une fois pour toutes entre deux portions bien distinctes, l'une qui exploite, l'autre qui est exploitée ; (Oui ! oui ! c'est cela !) l'une qui reçoit, l'autre qui paie ; l'une qui trafique d'elle-même, l'autre dont on trafique ? (Applaudissements.) En vain, s'il en est ainsi, la politique du gouvernement serait-elle tyrannique, ruineuse, déshonorante ; il se trouverait toujours dans la Chambre une majorité pour la justifier, pour l'approuver, pour s'en déclarer satisfaite. (Rires ironiques). En vain le pays presque entier ferait-il entendre les plaintes les plus vives, les réclamations les plus justes ; ces réclamations et ces plaintes iraient se briser non pas contre les votes libres, mais contre les votes achetés d'une moitié plus un des colléges électoraux. (Bravo ! bravo !)

Et c'est pour un tel système qu'au nom même des principes dont on se joue, on viendrait nous demander notre respect et notre obéissance ! C'est devant une majorité ainsi faite, ainsi fabriquée (Rires d'adhésion.), qu'on voudrait nous faire plier le genou ? (Très-bien !) Mon ami M. Barrot le disait, ces jours derniers, avec grande raison : Le respect des majorités est la première loi, la loi suprême des gouvernements représentatifs, mais à la condition expresse que les majorités soient élues purement et librement ; quand elles ne le sont pas, le droit disparaît, et il ne reste que le fait. (Applaudissements.)

En sommes-nous là ? et la France est-elle arrivée à une de ces extrémités terribles où les peuples n'ont plus à prendre conseil que de leur courage ? Avec votre président, mon vieux, mon excellent ami, je réponds : Non ; ce qui se passe depuis six mois nous prouve combien, quand nous le voulons, l'ordre légal nous offre encore de ressources. Des élections récentes, celle de Dieppe, celle de Rochefort, celle du deuxième arrondissement de Paris, sont d'ailleurs un indice certain du mouvement salutaire, de l'heureuse réaction qui commence à s'opérer au sein même des colléges électoraux. (Oui ! oui ! très-bien !)

Mais d'autres élections viennent de le prouver, ce mouvement, cette réaction sont encore faibles, et, en attendant, le flot monte, la gangrène gagne. (Mouvement.) Je ne parle pas ici dans un des bourgs-pourris de la centralisation (Nouveau mouvement.), dans un de ces colléges de cent cinquante électeurs, si faciles à entraîner, si faciles à séduire. Je parle au milieu d'une grande ville qui compte les électeurs par milliers ; où, par conséquent, l'œuvre de la corruption est bien plus laborieuse. Et, cependant, je vous le demande, la corruption s'est-elle arrêtée aux portes de Rouen ? (Non ! non !) Si je suis bien informé, elle y a pénétré par plus d'une voie, par terre et par eau. (Hilarité générale. — Oui ! oui ! — Très-bien !) Et si cette réunion ne compte pas un député rouennais de plus, c'est à elle qu'on le doit. (Applaudissements.) Vous la connaissez donc aussi, Messieurs, cette triste mendicité électorale, qui s'exerce au grand jour et dans l'ombre, sur la place publique et à domicile ; cette mendicité qui a ses pauvres inscrits et ses pauvres honteux, ses pauvres suppliants et ses pauvres menaçants (Vif mouvement.) ; cette mendicité que l'on excite au lieu de la contenir, que l'on provoque au lieu de la réprimer, que l'on récompense au lieu de la punir. (Applaudissements.) Vous la connaissez, et par ce que vous voyez autour de vous, vous pouvez juger de ce qui se passe à Embrun et à

Quimperlé. (Sensation.) Et cependant, Embrun et Quimperlé, avec leurs cent cinquante électeurs, pèsent autant dans la balance politique que le premier arrondissement de Rouen, que le deuxième arrondissement de Paris ! (Très-bien ! très-bien !)

Maintenant pense-t-on, espère-t-on que, pour effacer tant de souillures et pour purifier le gouvernement représentatif, il suffise d'un changement de cabinet ? Je l'ai cru longtemps, je ne le crois plus ; tant le mal me paraît profond et étendu.

On a d'ailleurs grand soin de nous répéter chaque jour que la chair est faible (Rires.), que le pouvoir a d'étranges séductions, et que l'opposition, le jour où le pouvoir lui appartiendrait, succomberait aussi à la tentation. Cela est possible, probable même, si l'on veut ; mais, le fait admis, nous en tirons une tout autre conséquence que nos adversaires. La conséquence qu'ils en tirent, c'est que chacun devant, à son tour, prendre part au repas, personne n'a le droit de se plaindre, et qu'il importe, dans l'intérêt commun, de tenir toujours la table bien servie. (On rit.) La conséquence que nous en tirons, c'est que ceux dont l'appétit se satisfait largement aujourd'hui, devant jeûner à leur tour, personne ne doit se tenir pour content, et que, dans l'intérêt commun, il faut s'arranger pour qu'en tout temps, tout le monde puisse vivre. (Hilarité. — Très-bien !) En d'autres termes, nos adversaires pensent que la maladie étant générale, c'est une raison pour ne pas la guérir. Nous pensons que, si la maladie est générale, c'est une raison pour qu'on y porte un prompt remède. Laquelle des deux conséquences est la plus logique ? laquelle des deux opinions est la plus morale ? (Applaudissements.)

Est-il vrai, d'ailleurs, comme on se plaît à le redire, que le mot de réforme cache ici un autre mot, celui de révolution, et que, dans les banquets réformistes, nous nous couvrons d'un masque légal pour conspirer plus sûrement, plus commodément contre les institutions de 1830 ? (Non ! non !) C'est là, Messieurs, au milieu de beaucoup d'autres, un emprunt fait à la Restauration.

Je suis de ceux qui n'ont jamais conspiré contre la Restauration, et qui, sans avoir beaucoup de goût pour elle, l'auraient acceptée sans hésiter si elle avait donné à la France le gouvernement représentatif vrai. J'ai pourtant fait partie, pendant deux ans, avec M. Odilon Barrot, avec M. Guizot, avec M. Duchâtel, du comité *Aide-toi, le ciel t'aidera !* de ce fameux comité qui était dénoncé chaque jour à la France comme un repaire de factieux, comme un foyer de conspiration. Eh bien ! Messieurs, savez-vous ce qui se passait dans ce repaire, dans ce foyer ? J'affirme, sans crainte d'être démenti, qu'à l'époque dont je parle, personne n'y conspirait. (C'est vrai !) Seulement, parmi nous, il se trouvait une minorité plus vive, plus ardente, qui, quelques années auparavant, avait été mêlée aux conspirations, et qui, gardant ses espérances, nous reprochait quelquefois la timidité de nos allures. « De 1820 à 1824, disions-nous alors à cette minorité, vous avez voulu agir par les sociétés secrètes et faire appel à la force ; qu'en est-il résulté ? Qu'un sang généreux a coulé sur l'échafaud, et que le pays, effrayé, s'est rejeté à corps perdu dans les bras de la contre-révolution. Aujourd'hui, vous êtes les premiers à le reconnaître, il serait absurde de recommencer. Laissez-nous donc faire, nous qui voulons, non pas renverser le gouvernement, mais obtenir du pays une majorité qui le pousse, bon gré, mal gré, dans les voies du progrès et de la révolution. Une fois cette majorité obtenue, il arrivera de deux choses l'une : ou bien le pouvoir cédera, et nous aurons fondé, sans lutte, sans catastrophe, le gouvernement représentatif ; ou bien le pouvoir s'insurgera contre la majorité, contre la constitution, et alors ce ne sont pas les carbonari seulement qui se soulèveront contre lui, c'est la France entière. » Trois ans après, le pouvoir faisait son choix, et notre prédiction s'accomplissait. (Sensation.—Applaudissements prolongés.)

Voilà comment nous conspirions en 1827 ; voilà comment nous conspirons en 1847. Encore y a-t-il cette différence que nous devons avoir, que nous avons, pour un gouvernement créé par nous-mêmes, bien plus de sympathie que pour un gouvernement imposé par la sainte-alliance. (Très bien !) Que les ultras de 1847 cessent donc d'emprunter aux ultras de 1827 leurs arguments et leurs calomnies. Sans doute le gouvernement actuel a ses ennemis, comme la Restauration avait les siens ; mais ce ne sont pas les ennemis de la Restauration qui l'ont tuée. La Restauration avait de bien mauvais penchants, de bien mauvais projets. Il est pourtant douteux qu'elle se fût abandonnée à ses penchants, qu'elle eût exécuté ses projets, si dans ceux qui l'entouraient elle n'eût trouvé des flatteurs et des complices. (C'est vrai!) Il y avait, on le sait, deux classes qui regardaient le gouvernement de la Restauration comme leur propriété, et sur lesquelles elle s'appuyait de préférence. Ce sont précisément ces deux classes qui l'ont perdue. (Oui! bravo! bravo!)

Croyez-vous que ce souvenir historique soit sans opportunité, sans application, et n'y voyez-vous pas pour ceux qui ont fondé, pour ceux qui veulent conserver le gouvernement nouveau, une grande, une sévère leçon? (Oui! oui! Très bien!) Je ne veux certes point médire ici de la portion éclairée de la société à laquelle, dans la langue politique, on est convenu de donner le nom de classe moyenne. J'appartiens à cette portion de la société, nous y appartenons tous, et on n'a pas besoin de nous apprendre les services qu'elle a rendus au pays depuis cinquante ans. Mais, chacun le sait, la victoire a ses entraînements, la puissance a son ivresse, et je ne suis pas sûr que les classes dont il s'agit aient su s'en garantir tout à fait. Ce qu'il y a de certain, c'est qu'elles ont déjà leurs courtisans (Rires.), leurs aides de camp (Nouvelle hilarité.), et jusqu'à leurs procureurs du Roi tout prêts à fulminer de fougueux réquisitoires contre ceux qui ne se prosternent pas à leurs pieds. (Rires nombreux.) De là, chez elles, une certaine tendance à se considérer non comme infaillibles, mais comme inviolables, et à s'indigner de toute attaque, de toute critique comme d'un crime de lèse-majesté. Je crois que nous agirions plus sagement si, au lieu de nous irriter, de nous emporter à chaque dureté que l'on nous dit, nous nous imposions de temps en temps la loi de faire entre nous notre examen de conscience. Quand, en 1827, nous soutenions une lutte ardente et courageuse contre la Restauration, ce n'était pas sans doute pour conquérir aux Tuileries ou dans le salon des préfets la première place au lieu de la seconde ; ce n'était point pour caser, de préférence à d'autres, dans les finances ou dans la magistrature, nos enfants, nos frères et nos cousins; ce n'é tait point pour obtenir nous-mêmes de bons emplois salariés, et pour vivre grassement aux dépens du public. Non, Messieurs, j'en atteste vos souvenirs; de plus nobles pensées, de plus généreux sentiments nous inspiraient, nous animaient, et la grandeur, la liberté de la France tenaient le premier rang dans nos préoccupations. (Applaudissements.)

En est-il de même aujourd'hui, et pouvons-nous dire que la grandeur, la liberté de la France passent encore dans notre esprit avant tout autre intérêt? Il faut le confesser : nous n'avons pas gagné en vieillissant, et la possession a produit sur beaucoup d'entre nous l'effet qu'elle produit trop souvent. Prenons donc garde de jouer, auprès du gouvernement de 1830, le rôle que d'autres ont joué auprès du gouvernement de 1815. (Très-bien! très-bien!)

En 1830, le pays nous a investis d'un grand pouvoir ; mais il n'a point abdiqué entre nos mains, et le jour où, décidément, définitivement, sa confiance nous manquerait, il faudrait se préparer à de nouvelles luttes, à de nouvelles catastrophes.

Or, comment le pays aurait-il confiance en nous, électeurs ou députés, s'il nous voit, plus occupés de nos intérêts que des siens, disposer, comme d'une propriété personnelle, des droits qu'il nous a délégués? Comment aurait-il confiance en nous, s'il lui apparaît que l'opinion n'est plus pour rien dans nos votes, et que, chaque jour, en échange d'un service privé, nous donnons notre suffrage à l'homme, à la politique que nous méprisons? Comment aurait-il confiance en nous s'il nous entend, pour nous relever un peu à nos propres yeux, établir gravement, entre la corruption politique et la corruption privée, entre la corruption à prix d'argent et la corruption à prix de places, de honteuses distinctions, des distinctions qui révoltent le bon sens autant qu'elles offensent la morale? (Très-bien!) Sachez-le bien, Messieurs, ces distinctions, nous n'avons pas même le triste honneur de les avoir inventées, et, vers le milieu du dernier siècle, en Angleterre, des ministres, des orateurs, des écrivains complaisants les mettaient déjà au service d'un parlement mercenaire, d'un corps électoral corrompu. Savez-vous ce que répondait un réformiste du temps, qui s'appelait, je crois, sir John Philips : « Quant à moi, disait-il, je ne connais que trois classes d'hommes : « ceux qui ne se vendent pas, ceux qui se vendent à haut prix, « ceux qui se vendent à tout prix. (Hilarité. — Très-bien !) En- « core, ajoutait-il, est-il fort rare, quand on est dans la seconde « classe, qu'on ne se laisse pas glisser dans la troisième. Il en est « de l'honneur d'un homme comme de la vertu d'une femme, « dont le prix baisse à chaque fois nouvelle qu'elle s'achète. » (Rires. — Vive adhésion. — Oui ! oui ! c'est cela !)

Peut-être vous semble-t-il que, répondant à un toast de la réforme électorale et parlementaire, j'ai peu parlé de cette réforme. Je ne crois pourtant pas avoir dit un seul mot qui ne s'y rattache. La réforme électorale et parlementaire, mon ami M. Desjobert vous l'a dit, n'est pas un but : c'est un moyen. C'est le moyen de rendre aux institutions représentatives la vérité, la pureté qu'elles ont perdues ; c'est le moyen d'empêcher que le principe administratif et le principe électif ne se pervertissent, ne s'énervent réciproquement ; c'est le moyen, en un mot, de faire que les députés soient élus pour les opinions qu'on leur connaît, non pour les services qu'on attend d'eux (Approbation unanime), et d'obtenir une majorité qui représente les intérêts généraux, les intérêts nationaux, au lieu de représenter les intérêts locaux et personnels. Ayez une telle majorité, et soyez certains qu'elle saura, coûte que coûte, faire respecter partout le vœu souverain du pays ; ayez une telle majorité, et soyez convaincus que vous ne verrez plus les lâchetés, les iniquités, les scandales des dernières années. (Très-bien ! Oui ! oui ! c'est vrai !) Mais, Messieurs, n'oubliez pas que la réforme électorale, la réforme parlementaire, doivent être obtenues du pouvoir même qu'il s'agit de réformer. Or, nous le savons tous par expérience, ce qu'il y a de plus difficile, ce qui coûte toujours le plus, c'est de se réformer soi-même. (On rit.) Aussi est-il sans exemple qu'une réforme électorale ou parlementaire ait réussi sans un effort puissant du gouvernement ou de l'opinion publique. Nous ne pouvons pas espérer que le gouvernement nous aide, du moins sciemment. Aidons-nous donc nous-mêmes, et opposons la pression salutaire de l'opinion publique à la pression détestable des intérêts individuels. Le gouvernement n'aime pas l'agitation politique, et il a pour cela ses raisons : pour tendre ses filets et pour les remplir, rien ne vaut le calme plat (Hilarité générale.); quand le vent souffle fort et que la mer est agitée, la pêche politique, comme les autres pêches, est moins facile et moins productive. (Explosion de bravos.)

Je ne veux point terminer sans répondre à une objection que des personnes pleines d'ailleurs de bienveillance, nous adressent quelquefois, à mes amis et à moi : (Marques d'attention.) « Pourquoi, nous disent ces personnes, ne vous bornez-vous pas à faire une opposition prudente, modérée, restreinte, une opposition qui porte sur les hommes plutôt que sur les choses, sur les questions administratives plutôt que sur les questions politiques? Si vous vous y étiez pris ainsi, votre tour serait déjà venu. Au lieu de cela, vous vous attaquez étourdiment, follement, au gouvernement personnel, à la corruption, à tout ce qu'il y a de plus respectable au monde.... (Longue hilarité; applaudissements prolongés : interruption.).... à tout ce qu'il y à de plus nécessaire et, par une telle conduite, vous rendez votre avénement impossible. Si le ministère a vécu sept ans, c'est à ses adversaires qu'il le doit. » (Applaudissements.)

Si je comprends bien ce langage, voici quel en est le sens : Le système actuel est excellent, irréprochable, et doit suivre son chemin, quoi qu'il arrive. Seulement, comme il est un peu lourd à traîner (On rit.), il est bon qu'il y ait, de distance en distance, des relais dont l'un remplace l'autre quand celui-ci tombe de fatigue. (Hilarité.) On nous fait l'honneur de nous dire qu'il ne tiendrait qu'à nous d'être un de ces relais, et de nous atteler à notre tour. (Très-bien! très-bien!)

Voilà, Messieurs, la belle proposition que l'on fait à l'opposition constitutionnelle, et l'on s'étonne, et l'on s'indigne presque que cette proposition ne soit pas acceptée avec reconnaissance! Si tel était, si tel devait être le résultat de nos luttes politiques, le gouvernement représentatif serait le plus misérable, le plus méprisable des gouvernements. (Bravo!) Je comprends fort bien qu'au sein même de la majorité quelques personnes songent à traiter M. Guizot comme M Guizot a traité M. Molé, et à lui prendre à la fois sa place et sa politique. Je n'y ai, pour ma part, aucune objection, et, si cela arrive, j'y verrai le plus juste des châtiments. (Très-bien!) Mais l'opposition ne saurait, sans se déshonorer, sans se perdre, borner là ses vœux et ses prétentions. Quant à moi, je le déclare nettement, il m'importe peu que les chefs de la maison de commerce changent, si le commerce lui-même ne change pas... (Longue hilarité.—Très-bien!) et je ne vois guère d'avantage à continuer, sous une nouvelle raison sociale, exactement les mêmes affaires. (Rires et approbation.)

C'est pourquoi, sans beaucoup m'occuper des hommes, je m'attache plus que jamais aux mesures qui, bien évidemment, bien clairement, marqueront le passage d'une politique à l'autre. C'est pourquoi, parmi ces mesures, je m'attache surtout à la réforme électorale et parlementaire, la plus importante de toutes. Et à ceux qui, par timidité d'esprit ou de caractère, repousseraient cette double réforme, je me borne à poser les questions que voici :

Trouvez-vous bon que la moitié de la Chambre se compose de fonctionnaires, et qu'une majorité à peu près nécessaire appartienne au ministère, quoi qu'il fasse et quoi qu'il dise? (Non! non!)

Vous paraît-il juste que, dans la répartition des députés entre les départements et les arrondissements, on ait arrangé les choses de telle sorte, que la majorité de la chambre soit nommée par la minorité de la population, de la richesse, de l'intelligence? (Non! non!)

Vous convient-il que, par une suite de combinaisons artificieuses, la corruption soit maîtresse d'une foule de colléges électoraux, et qu'il y ait au moins cent cinquante bourgs-pourris où, avec du temps et du savoir-faire, un ministère peu scrupuleux soit à peu près sûr de faire nommer qui il lui plaît!

Etes-vous d'avis enfin que selon l'expression d'un des membres les plus modérés de l'opposition, le corps électoral se transforme en une sorte d'aristocratie intrigante et mendiante ? (Mouvement. — Très-bien !)

Si tout cela est de votre goût, continuez votre chemin (Non ! non !), je n'ai rien à vous dire, si ce n'est que le précipice est au bout. (Bravo !) Dans le cas contraire, mettez votre conduite en rapport avec votre opinion, et signez avec nous la pétition de la réforme. Ne vous contentez pas de la signer, faites-la signer par ceux qui n'assistent pas à ce banquet et qui partagent nos sentiments. (Oui, oui !) Encore une fois, il s'agit d'une œuvre difficile, laborieuse, et qui ne peut pas s'accomplir en un jour. Un mouvement comme celui qui vient d'avoir lieu en France peut produire deux effets : s'il est faible et passager, il irrite les pouvoirs établis ; s'il est considérable et persévérant, il les persuade ; et à ceux qui diraient que l'agitation est un étrange moyen de persuasion, je me bornerais à rappeler l'heureuse formule que mon ami M. de Rémusat empruntait l'an dernier à un grand jurisconsulte anglais. Ce que nous appelons grossièrement corruption, Blackstone, avec élégance, l'appelait, dans le siècle dernier, « l'influence persuasive de la couronne. » (On rit.) Influence persuasive de la couronne, soit ; mais à côté, en face de cette influence persuasive, il est juste, il est nécessaire que l'opinion publique ait la sienne. Usons de l'une comme on use de l'autre, et, Dieu aidant, ce n'est pas la première qui l'emportera. (Explosion générale de bravos. — Acclamations réitérées. — De toutes parts : Vive la réforme électorale ! Vive Duvergier de Hauranne ! Vive le député indépendant et courageux ! — Longue interruption.)

Paris. — Imprimerie de CLAYE ET TAILLEFER, rue Saint-Benoît, 7.